AF509778

Ah ! quel bonheur

D'AVOIR UN GENDRE

A. COURMES & F. BENET

Ah! quel bonheur

D'AVOIR UN GENDRE

COMÉDIE EN UN ACTE

PARIS

LIBRAIRIE THÉATRALE

14, Rue de Grammont, 14

1889

Tous droits réservés

PERSONNAGES :

BALANBOIS.................... MM. HOMERVILLE.
CALISSON..................... GRÉGOIRE.
BEAUVERNIS.................. AUBERT.
JEAN....................... .. MILLER.

Mme BALANBOIS. .... Mmes CHAMBÉRY.
HERMANCE.................... D'ORVILLE.
GEORGETTE................... NIVON.

La Scène se passe dans un village, près de Paris

AH ! QUEL BONHEUR
D'AVOIR UN GENDRE

Salon élégant. — Au fond, une cheminée. — A droite et à gauche de la cheminée, portes à deux battants. — Portes dans les pans coupés. — A droite, une table recouverte d'un tapis. — Un buffet près de la porte de gauche. — Un secrétaire. — Chaises...

SCÈNE Ire

JEAN, puis BALANBOIS

JEAN, *tenant plusieurs lettres*

Si j'étais Monsieur, je me ferais nommer ministre des Postes et Télégraphes. C'est insensé ce qu'il reçoit de lettres ! Il est vrai qu'en sa qualité de médecin... il doit avoir beaucoup de clients. Voyons *(regardant les lettres)*, Monsieur Balanbois, docteur en médecine...

BALANBOIS, *entrant par le fond à droite. A Jean.*

Qu'est-ce que vous faites-là ?

JEAN

Vous voyez, Monsieur, je vous apportais votre correspondance.

BALANBOIS

Donne... *(Jean lui donne les lettres et sort ; Balanbois lisant).* C'est le sixième depuis deux jours, cette fois c'est un vétérinaire. Un vétérinaire. Pouah !... A une autre. Tiens ! une lettre de mon frère. *(Il lit ; Mme Balanbois entre par la porte de gauche. Elle lit une lettre. Ils ne s'aperçoivent pas).*

SCÈNE II

M. BALANBOIS, Mᵐᵉ BALANBOIS

Mᵐᵉ BALANBOIS

Enfin ! mon neveu ce cher Octave, s'est décidé à m'é-crire. Il arrivera aujourd'hui pour nous demander la main d'Hermance. *(Elle s'assied dans un fauteuil près du secrétaire).* Ah ! qu'il me tarde de le voir, ce cher Octave. *(Elle lit).*

BALANBOIS, *à part*

Enfin ! je l'ai trouvé... ou du moins, on me l'a trouvé. J'aurai un gendre riche.   *(Il lit à haute voix).* Je pense avoir mis la main sur celui qui pourra faire le bonheur de ta fille. C'est un charmant garçon, qui peut avoir, avec une trentaine d'années, une trentaine de mille francs de rente. *(Parlé).* Six cent mille francs de capital, voilà mon gendre. *(Il lit).* Je lui ai parlé de ta fille et je lui ai montré sa photographie. Ildefonse Patachon, c'est son nom, a trouvé Hermance charmante, adorable... *(Parlé).* Mille pilules... *(Il se lève).* Ildefonse Patachon ! Le nom n'est pas flatteur... Tiens, ma femme.

Mᵐᵉ BALANBOIS, *se levant*

Mon mari.

BALANBOIS

Tu étais là... Tu m'espionnais, sans doute.

Mᵐᵉ BALANBOIS

Certes non. Je lisais une lettre.

BALANBOIS

Comme moi. Et, peut-on connaître le contenu de cette lettre?

Mᵐᵉ BALANBOIS

Non !

BALANBOIS

Je vous prie de me lire cette lettre.

Mᵐᵉ BALANBOIS

Je suis libre de faire ce que je veux,

BALANBOIS

Pas toujours, Madame, pas toujours. Je suis votre mari.

Mme BALANBOIS

Et moi votre épouse, Monsieur. Après?

BALANBOIS

Après... La femme ne doit avoir rien de caché pour son mari.

Mme BALANBOIS

·Ah ! ah ! vous avez lu cela dans le Code peut-être... Mais, moi je vous dis le contraire... je suis libre de faire ce qui me plait. Entendez-vous, Monsieur le despote.

BALANBOIS

Despote. *(A part)*. Quel beau type de belle-mère ça fera.

SCÈNE III

LES MÊMES, HERMANCE

HERMANCE, *entrant à gauche*

Bonjour, maman. Bonjour, papa. Que vois-je ? Ces visages sombres... Vous vous êtes encore...

BALANBOIS

Oui, nous nous sommes un peu... mais l'orage est passé.

Mme BALANBOIS

Grâce à ton arrivée, ma fille... à propos, j'ai reçu une lettre...

BALANBOIS

Moi aussi.

Mme BALANBOIS

Tu ne devines pas ?

BALANBOIS

Comment, ton petit cœur ne te dit rien ? Tu ne comprends pas, chère Hermance, que c'est un prétendant qui m'écrit ? mais cette fois, j'accepte. Ah ! j'accepte. Il

a 30.000 fr. de rentes, il se nomme Ildefonse Patachon
et il habite Champigny.

HERMANCE

Oui, c'est une jolie fortune.

BALANBOIS

Tu dis cela drôlement. Tu ne sais donc pas ce que
c'est que six cent mille francs de capital, mais c'est
énorme. Hermance, tu ne peux refuser un tel parti.

HERMANCE

Je ne veux pas m'appeler Mᵐᵉ Patachon. *(A sa mère).*
A ton tour de me dire le contenu de ta lettre.

Mᵐᵉ BALANBOIS

On me propose un parti magnifique et je pense que tu
n'auras garde de le refuser. M. Octave de Chevillac...

BALANBOIS

Je refuse.

Mᵐᵉ BALANBOIS

80.000 fr. de rentes.

BALANBOIS

Je refuse. Du reste, je te l'ai dit et je le répète *(Hermance remonte à la cheminée)* je ne veux plus entendre
parler de ce débauché.

Mᵐᵉ BALANBOIS

Je le veux et je l'aurai, Monsieur.

BALANBOIS

Vous ne l'aurez pas, Madame.

Mᵐᵉ BALANBOIS

Je l'aurai.

BALANBOIS

Vous ne l'aurez pas.

HERMANCE, *redescendant*

Vous pourriez au moins me demander mon avis. Je
l'aurai... je ne l'aurai pas... Mais c'est moi, il me
semble, qui dois l'avoir.

BALANBOIS

D'abord tu dois faire ce que tes parents désirent.

Mme BALANBOIS

Oui, évidemment... Et tu épouseras par conséquent, Octave de Chevillac.

BALANBOIS

Pardon, Madame, Patachon.

Mme BALANBOIS

Chevillac.

BALANBOIS

Patachon.

HERMANCE

Ah ! mais, quand vous serez d'accord vous me le direz. Je choisirai... celui que je voudrai... *(Elle sort en riant ; Mme Balanbois remonte furieuse et redescend).*

SCÈNE IV

Mme BALANBOIS, BALANBOIS

Mme BALANBOIS

Voilà comment vous élevez nos enfants... Notre fille résiste.

BALANBOIS

D'abord, pourquoi dites-vous nos enfants ? Nous n'en avons qu'un. C'est une ironie, n'est-ce pas ? Est-ce ma faute à moi ?

Mme BALANBOIS

Est-ce la mienne ?

BALANBOIS

Dites-le tout de suite, c'est un reproche que vous m'adressez... Je ne l'accepte pas ce reproche ..

Mme BALANBOIS

Peuh !

BALANBOIS

C'est inutile de dire peuh ! Il ne tenait qu'à vous d'avoir une famille plus nombreuse.

Mme BALANBOIS

Ça va bien, ne discutons pas. Taisez-vous. *(Elle remonte à la cheminée).*

BALANBOIS

Eh bien, oui, cette discussion pourrait nous mener trop loin, je me tais. *(A part).* Voyons, comment pourrai-je ? Ah ! une idée... *(Il déchire une feuille de son calepin et écrit).*

Mme BALANBOIS, *à part*

J'ai trouvé. *(Elle s'assied devant le secrétaire et écrit).*

BALANBOIS, *à part*

C'est cela. On ne peut être plus explicite en si peu de mots. *(Il lit).* « Octave de Chevillac, Saint-Denis. Refusons mariage avec Hermance. Parti sérieux, riche s'est présenté ! avons accepté : Balanbois. »

Mme BALANBOIS, *à part*

Quel est donc le brave homme qui a trouvé le télégraphe. Voilà une chose utile au moins. *(Elle lit).* « Patachon, à Champigny. Ma fille refuse votre demande. Mariage impossible. Inutile de vous déranger. Mille regrets : Balanbois. »

BALANBOIS, *à part*

Quinze, seize, dix-sept... Réellement se tirer d'affaire avec 0.85 centimes, c'est pour rien...

SCÈNE V

Les Mêmes, JEAN

JEAN, *du fond à droite*

Il y a des clients qui attendent Monsieur.

BALANBOIS

Quoi ! Déjà dix heures. . *(A Mme Balanbois).* Je vais à mon cabinet. *(A Jean).* Jean, cette dépêche au télégraphe. Voilà un franc, vous me rendrez quinze centimes. Allez vite *(en prenant le milieu à Mme Balanbois au moment où il sort de droite, pan coupé)* Patachon.

Mᵐᵉ BALANBOIS

qui est restée devant le secrétaire, se tourne vers Jean

Jean, voici une dépêche. Portez-là immédiatement au bureau télégraphique. Voici deux francs vous garderez la monnaie. Dépêchez-vous.

JEAN

Oui Madame. *(Il sort).*

SCÈNE VI

Mᵐᵉ BALANBOIS, puis GEORGETTE

Mᵐᵉ BALANBOIS, *elle sonne*

Je voudrais être à Champigny pour voir la figure que fera ce M. Patachon en recevant ma dépêche

GEORGETTE, *entrant de gauche*

Madame a sonné !

Mᵐᵉ BALANBOIS

Oui, Georgette. N'oubliez pas de mettre un couvert pour M. Octave de Chevillac.

GEORGETTE

Oui Madame. *(Mᵐᵉ Balanbois sort de gauche. Georgette dresse le couvert).* Ah ! c'est donc aujourd'hui que doit arriver ce gendre qui a été la cause de tant de querelles. Il me tarde de le voir ce garçon que Madame déclare être un phénix et que Monsieur appelle un débauché... Mais alors Monsieur s'est décidé à lui donner la main de Mˡˡᵉ Hermance ? Ce n'est pas possible.

SCÈNE VII

GEORGETTE, JEAN

JEAN, *entrant*

Voilà la monnaie, Monsieur ! Tiens, c'est toi, Georgette. Comment, tu mets le couvert et tu ne m'attends pas ! A deux cela va plus vite. A propos du mariage de notre jeune maîtresse, sais-tu quelque chose ?

GEORGETTE

Oui. C'est aujourd'hui que doit arriver Octave. Tiens, donne les olives, le beurre.

JEAN

Voilà, Mademoiselle, voilà. Pas possible. Comment. M. Balanbois se résoudrait à donner sa fille à Octave ! *(Prenant une bouteille)*. Cristi ! Voilà un vin qui a une belle couleur ! Et quel parfum ! Dis-donc, Georgette, as-tu soif ?

GEORGETTE, *voyant Jean emplir deux verres*

Que fais-tu ?

JEAN

C'est bien simple, j'ai soif, je vais boire. *(Il offre un verre à Georgette et il verse de l'eau dans la bouteille qu'il vient d'entamer. Georgette va au buffet et complète le couvert)*.

GEORGETTE

Chut ! j'entends marcher. *(Jean remonte devant la cheminée)*.

SCÈNE VIII

JEAN, BALANBOIS

BALANBOIS, *entrant par la droite*

Je viens de voir mes clients. La consultation a été rapide. J'ai bien autre chose à faire aujourd'hui. *(A Jean)*. Comment tu es encore là ? Est-ce ainsi que l'on exécute mes ordres ?

JEAN

Ils sont exécutés. Voilà les 0.15 centimes de la dépêche.

BALANBOIS

Merci. Ce n'est pas de cet ordre qu'il s'agit en ce moment. Ne t'ai-je pas ordonné d'atteler ?

JEAN

Non, Monsieur.

BALANBOIS

Comment non ? Et d'aller à la gare attendre l'arrivée de mon gendre ?

JEAN

M. Octave de Chevillac.

BALANBOIS

Octave, Octave. Toi aussi tu prononceras encore ce nom. Vous voulez donc me rendre fou.

JEAN

Mais non, Monsieur.

BALANBOIS

Tais-toi, tu vas atteler la voiture au cheval, non, le cheval à la voiture et tu iras à la gare. Le train doit arriver à 11 h. 45. Comme il n'y a jamais personne pour notre trou de village tu n'auras pas de peine à reconnaître M. Ildefonse Patachon.

JEAN

Oui, Monsieur, j'y cours.

BALANBOIS

Minute. Si le train est arrivé tu te rendras à l'hôtel du Cheval Blanc. C'est là que doit descendre mon gendre et tu l'amèneras ici. Allons, va.

SCÈNE IX

BALANBOIS, GEORGETTE

BALANBOIS

Tu mettras un couvert de plus.

GEORGETTE, *riant*

Ah ! Je sais, Monsieur.

BALANBOIS

Comment, tu sais ? Quoi ?

GEORGETTE, *riant*

Je sais bien, Monsieur.

BALANBOIS

Enfin, pourquoi ris-tu comme ça ?

GEORGETTE

Parce que Monsieur me dit de mettre un couvert de plus... C'est pour le futur de Mademoiselle.

BALANBOIS

Eh oui, nous allons marier ma chère fille.

GEORGETTE

Cela doit faire beaucoup de plaisir à Monsieur.

BALANBOIS

Je crois bien, d'autant plus qu'il est charmant.

GEORGETTE

Oh oui, Monsieur, il est très gentil.

BALANBOIS

Tiens, tu le connais, toi ? C'est drôle, moi, je ne le connais pas.

GEORGETTE

C'est Madame qui m'a dit que M. Octave de Chevillac...

BALANBOIS, *furieux*

Tu as dit Octave de... de... Va-t-en.

GEORGETTE

Mais Monsieur...

BALANBOIS

Va-t-en. *(Elle sort en courant par la gauche).* Octave de Chevillac mon gendre... jamais... Mon gendre est M. Patachon *(regardant sa montre),* j'espère qu'il ne va pas tarder à venir ce bon Patachon *(s'épanouissant).* Nous allons donc voir ce bon Patachon, mais, je ne puis le recevoir dans ce costume. *(Il sort à gauche).*

SCÈNE X

GEORGETTE, BEAUVERNIS

GEORGETTE

Entrez ici, M. Octave.

BEAUVERNIS

Octave... c'est à moi qu'elle parle ?

GEORGETTE

Madame votre tante...

BEAUVERNIS

Ma tante ?

GEORGETTE

M'a priée de vous dire que Mademoiselle votre cousine...

BEAUVERNIS

Ma cousine ?

GEORGETTE

Votre charmante prétendue...

BEAUVERNIS

Ma prétendue ?

GEORGETTE, *à part*

Ah ! ça, est-ce qu'il va me laisser continuer... *(Haut)*. Oui, Monsieur, Mademoiselle termine sa toilette pour vous recevoir.

BEAUVERNIS

Est-ce à moi que vous parlez, Mademoiselle ?

GEORGETTE, *à part*

Est-il émotionné, ce gendre ? *(Haut)*. Oui, Monsieur, c'est à vous-même. Madame attend votre arrivée... elle a reçu votre lettre.

BEAUVERNIS

Mon arrivée, ma lettre... Si je comprends quelque chose à cet embrouillamini...

GEORGETTE, *avançant un fauteuil*

Asseyez-vous donc, M. Octave... votre cousine ne va pas tarder à venir.

BEAUVERNIS

Encore ma cousine ? Qu'est-ce qu'elle a, cette brave fille ?

GEORGETTE, *à part*

Est-il émotionné ? Il ne comprend rien. *(Haut)*. Lorsqu'il s'agit de recevoir son fiancé, ce n'est pas une bagatelle.

BEAUVERNIS, *à part*

Bon ! maintenant je suis le fiancé. Que serai-je, grand Dieu, tout à l'heure... *(Haut).* Mademoiselle, je ne comprends pas un mot de tout ce que vous m'avez dit depuis mon arrivée.

GEORGETTE

Vous voulez plaisanter...

BEAUVERNIS

Non, Mademoiselle.

GEORGETTE

Alors, vous ne seriez pas M. Octave ?

BEAUVERNIS

Certes non.

GEORGETTE

Le cousin de Mademoiselle ?

BEAUVERNIS

Encore moins.

GEORGETTE, *à part*

Il veut se jouer de moi. M. Balanbois avait bien raison de dire que c'est un farceur. Et Madame qui m'avait recommandé d'aller la prévenir. Enfin, *(haut)* je vais annoncer votre arrivée à Madame votre tante.

BEAUVERNIS

Encore ma tante ?

GEORGETTE

Oui, Monsieur.

BEAUVERNIS

Eh bien ! soit, allez ; je vous en serai même très obligé. *(Au moment où Georgette sort, elle se trouve face à face avec Hermance).*

SCÈNE XI

HERMANCE, BEAUVERNIS

HERMANCE, *à part*

Enfin, c'est lui.

BEAUVERNIS

Ah! la voici. *(Allant vers Hermance)*. Chère Hermance, si vous saviez combien le temps m'a paru long depuis que je vous ai quittée. Vous souvenez-vous de ces bonnes soirées chez votre tante, à Paris.

HERMANCE

Cher Albéric, que je suis heureuse de vous voir. Je craignais...

BEAUVERNIS

Quoi donc?

HERMANCE

Que vous ne m'eussiez oubliée.

BEAUVERNIS

Vous oublier? Oh! vous savez pourtant combien je vous aime. Non, je ne vous oubliais pas, méchante. Chaque jour je pensais à vous et chaque jour aussi je me disais que bientôt je serais là à vos genoux... A présent tout est décidé. Je viens vous demander à votre père, que je n'ai pas eu l'honneur de voir à Paris, mais je me présenterai tout seul.

HERMANCE

Vous arrivez à propos.

BEAUVERNIS

Pourquoi donc?

HERMANCE

On veut me marier.

BEAUVERNIS

Cela ne m'inquiète pas.

HERMANCE

Pourquoi cela, Monsieur?

BEAUVERNIS

Parce que je suis sûr de votre amour, chère Hermance.

HERMANCE

Et vous avez raison. Aussi suis-je décidée...

BEAUVERNIS

A quoi donc ?

HERMANCE

A refuser tous les partis, jusqu'à ce que papa...

BEAUVERNIS

Vous ait donné le mari qui vous adore...

HERMANCE, *riant*

Vous avez deviné... *(On entend la voix de Jean : par ici Monsieur, par ici).* Chut ! je crois que c'est papa qui rentre, venez...

BEAUVERNIS

Je l'attends...

HERMANCE

Non, vous le verrez tout à l'heure. *(Ils sortent à gauche).*

SCÈNE XII

CALISSON, JEAN *(entrant par le fond)*

JEAN

Par ici, Monsieur Patachon...

CALISSON *(accent marseillais)*

Pourquoi m'appelez-vous Patachon ?

JEAN

Asseyez-vous... Je vais dételer... *(Il sort).*

CALISSON

La table est mise... Je vais un peu me restaurer... Garçon... Je me promets de faire un copieux repas. Le chemin de fer m'a creusé... Garçon... Il ne vient pas encore... Il est sourd... Garçon...

JEAN *(entrant par le fond)*

Vous m'appelez, Monsieur.

CALISSON

Oui, vous avez un bon dîner ?

JEAN, *à part*

Il pense déjà à manger ce gendre... Il s'installe à table... *(Haut)*. Je pense que oui... Mon maître s'est distingué... votre beau-père.

CALISSON

Beau-père... vous dites ?

JEAN

Oui Monsieur, sa bourse doit en savoir quelque chose. . Il y a un poulet, un perdreau, deux canards, des macaronis, des salsifis...

CALISSON

Apportez-moi la carte, je vous prie..

JEAN

La carte ?

CALISSON

Vous ne savez pas ce que c'est... *(A part)*. Il doit être nouveau dans le service...

JEAN, *à part*

La carte ? .. Ah ! je comprends. Quelle drôle d'idée. *(Il sort)*.

CALISSON

Ce garçon ne me paraît avoir que des notions élémentaires dans l'art de servir les voyageurs. Et puis quand on voyage il faut avoir de la patience... Garçon... Moi je n'ai qu'une qualité... la patience... Garçon...

JEAN, *entrant*

Voilà, Monsieur. *(Il lui donne une carte géographique)*.

CALISSON

Qu'est-ce que c'est que ça ?

JEAN

La carte. *(A part)*. Est-il embêtant ce gendre ?

CALISSON, *à part*

Il est idiot. *(Haut)*. Où est le patron ? l'aubergiste ?

JEAN, *à part*

Il appelle son beau-père un aubergiste ?

CALISSON

Répondez donc.

JEAN

Je vais le prévenir. *(A part)*. C'est ça le gendre de Monsieur... je plains Mlle Hermance. *(Il sort)*.

SCÈNE XIII

CALISSON, HERMANCE, *entrant par la gauche*

HERMANCE

Qu'est-ce donc ?

CALISSON

Mademoiselle. .

HERMANCE, *froidement*

Monsieur...

CALISSON

Vous êtes sans doute la fille de...

HERMANCE, *l'interrompant*

Oui Monsieur, après ?

CALISSON, *à part*

Elle n'a pas l'air commode. *(Haut)*. Mademoiselle le chemin de fer m'a creusé et je voudrais... Votre papa tardera-t-il à venir ?

HERMANCE

Il va être là dans un instant. Vous avez hâte sans doute de lui dire de qu'elle manière je vous ai reçu...

CALISSON

Nullement. C'est seulement pour lui demander...

HERMANCE, *l'interrompant*

Ma main, n'est-ce pas ?

CALISSON, *étonné*

Votre main ? je serais certainement très flatté, Mademoiselle,.. Mais pour l'instant, je voudrais déjeuner.

HERMANCE

Vous voulez sans doute changer le sujet de notre conversation ?

CALISSON

Mais non, je vous assure, Mademoiselle, je voudrais déjeuner. *(A part)*. Quelle drôle d'auberge.

HERMANCE

Monsieur... pas de subterfuges... Je vais tout vous dire... Je sais pourquoi vous êtes ici.

CALISSON

Ah ! vous savez...

HERMANCE

Oui, Monsieur, mon père m'a tout dit.

CALISSON

Ah ! Monsieur votre père vous a dit...

HERMANCE

Oui et je refuse...

CALISSON

Le déjeuner ?

HERMANCE

Allons, Monsieur, cessez cette plaisanterie et permettez que je me retire...

CALISSON

Mais, Mademoiselle...

HERMANCE

Je refuse, Monsieur. *(Elle sort à gauche)*.

SCÈNE XIV

CALISSON, puis BEAUVERNIS

CALISSON, *imitant Hermance*

Je refuse, Monsieur... Ah ça, que veut dire tout cela ? Le garçon est idiot. La fille de l'aubergiste a quelque chose de détraqué... Et je ne déjeune pas... *(S'asseyant à table)*. Des olives, du beurre... commençons. Et l'on dira après cela que les voyages vous forment .. C'est-à-dire qu'ils vous délabrent... Je suis de plus en plus creusé... *(Beauvernis entre sans voir Calisson et s'avance au premier plan à gauche).*

BEAUVERNIS

Ça marche... Encore un petit effort et j'épouse la ravissante Hermance... Je suis sorti par la petite porte du jardin pour faire mon entrée comme prétendant par la grande porte. Il s'agit maintenant de décider M. Balanbois. Tiens, Il déjeûne. Allons.

CALISSON, *à part*

Je suis un peu mieux... mais je voudrais bien voir les deux canards... annoncés par cet idiot de garçon...

BEAUVERNIS

Hum ! Hum!

CALISSON, *se retournant*

Ah ! Voilà l'aubergiste. Pourvu qu'il ne soit pas fou... comme les autres... car ils sont certainement fous... *(A Beauvernis)*. Etes-vous fou ?

BEAUVERNIS, *à part*

Qu'entends-je ? Il sait que je viens demander la main de sa fille et il refuse...

CALISSON

Eh bien ?

BEAUVERNIS

Vraiment, Monsieur, je ne sais si je puis...

CALISSON

Oh ! vous pouvez...

BEAUVERNIS

Comment ! vous m'autorisez ?

CALISSON

Mais, oui, je n'attends que vous pour faire la...

BEAUVERNIS

La demande...

CALISSON

Non, non, pas la demande.

BEAUVERNIS

Alors, vous refusez ?

CALISSON

Mais non, je ne refuse pas, vous me donnerez ce que vous voudrez...

BEAUVERNIS

Alors vous acceptez ?

CALISSON

Mais oui, quelles sont vos conditions ?

BEAUVERNIS

Mes conditions ! mais, Monsieur, je ne dois pas en faire. C'est vous qui devez fixer le chiffre de...

CALISSON

Comme il vous conviendra. Allons, dépêchez-vous.

BEAUVERNIS

Je vois, Monsieur, que nous pourrons nous entendre. Permettez-moi de vous demander la main de votre fille.

CALISSON, *se levant, ahuri*

Vous dites ? *(A part)*. Il est fou. *(Haut)*. Est-ce que vous suivez un traitement ?

BEAUVERNIS

Mais, Monsieur, je me porte assez bien. *(A part)*. Après tout, un père a le droit de demander des renseignements.

CALISSON

Oui, je vois... Mais, j'ai vu votre fille.

BEAUVERNIS

Ma fille ?

CALISSON, *à part*

Il est jeune, ce doit être sa sœur. *(Haut)*. Pardon, je voulais dire votre sœur.

BEAUVERNIS

Ah ! vous connaissez ma sœur.

CALISSON

Oh ! Pas beaucoup...

BEAUVERNIS

Enfin, vous la connaissez un peu... Cela vous décidera à m'accorder la main de votre fille.

CALISSON

Encore !

BEAUVERNIS

Mais, puisque c'est pour vous la demander que je suis ici.

CALISSON

Ah ça, voyons. Vous n'êtes donc pas chez vous...

BEAUVERNIS

Chez moi ? mais non, puisque je suis chez vous.

CALISSON, *à part*

Voilà sa folie qui recommence. *(Il se place derrière la table ; Beauvernis s'approche).* Restez-là, n'approchez pas... Vous n'êtes donc pas l'aubergiste ?

BEAUVERNIS, *à part*

Je crois que mon futur beau-père déménage. Oh! oh! *(il va se placer derrière le secrétaire ; haut).* Mais non, je ne suis pas l'aubergiste. Je m'appelle Albéric Beauvernis et j'ai l'honneur de vous demander la main de votre fille.

CALISSON

Où l'avez-vous vue ?

BEAUVERNIS

Chez Mᵐᵉ de Chauvières, à Paris.

CALISSON

Pourquoi ne l'avez-vous pas dit tout de suite.

BEAUVERNIS

Je vous l'ai dit.

CALISSON

Laquelle voulez-vous? J'en ai huit.

BEAUVERNIS

Huit! Vous vous trompez.

CALISSON

Permettez.

BEAUVERNIS

Soit. J'ai l'honneur de vous demander la main de Mademoiselle Hermance.

CALISSON

Hermance? Connais pas.

BEAUVERNIS

Est-ce que vous n'êtes pas M. Balanbois?

CALISSON

Balanbois ?... Je suis Calisson.

BEAUVERNIS

Alors, comment êtes-vous ici. Seriez-vous donc malade?

CALISSON

Moi? Pas du tout. J'ai demandé l'hôtel du Cheval Blanc, et l'on m'a conduit ici.

BEAUVERNIS, *riant*

Vous n'êtes pas à l'hôtel. Vous êtes chez le docteur Balanbois

CALISSON

Ah ! Je comprends. Et il traite les fous. Le garçon qui me parlait de mon beau-père... la jeune fille qui m'a dit qu'elle savait... et qui m'a refusé... Et vous qui venez me demander la main de ma fille... Eh bien, je m'en vais, vite, vite... *(Il prend sa valise)*.

BEAUVERNIS

Vous partez ?

CALISSON

Et très-rapidement encore... Monsieur, je suis très heureux d'avoir fait votre connaissance.

BEAUVERNIS

Je vous en prie...

CALISSON

Soignez-vous. *(Il sort en courant).*

SCÈNE XV

BEAUVERNIS

Comment ! le docteur Balanbois traite les fous !
Mais, non, cet homme ne sait pas ce qu'il dit. Au fait,
c'est lui qui est fou. Et puis que n'importe tout cela
pourvu que j'épouse Hermance..

SCÈNE XVI

BEAUVERNIS, BALANBOIS

BALANBOIS, *entrant par la droite. (A part).*

Ah ! voilà ce cher Patachon. *(Haut)*. Monsieur, je
vous ai fait attendre, je vous prie de m'excuser.

BEAUVERNIS

Cette fois c'est le père. C'est à M. Balanbois que j'ai
l'honneur de parler ?

BALANBOIS

Parfaitement. Que je suis heureux de vous voir. Eh
bien, vous savez, c'est entendu.

BEAUVERNIS, *à part*

Il sait que je viens faire ma demande. *(Haut)*. Croyez,
Monsieur, que je suis flatté de l'honneur que vous me
faites.

BALANBOIS

Je sais qui vous êtes. Je suis heureux de vous donner
ma fille.

BEAUVERNIS

Ah ! Mlle Hermance a bien voulu consentir...

BALANBOIS

Pas du tout. Et ma femme encore moins. Il n'y a que
moi qui accepte. Elles ne peuvent ni l'une ni l'autre
entendre prononcer votre nom ..

BEAUVERNIS
Comment, Monsieur.

BALANBOIS

Ça ne fait rien.

BEAUVERNIS

Pourtant...

BALANBOIS

Ne vous inquiétez pas, je vous ai dit que vous l'épou-
seriez, vous l'épouserez. Hermance va venir, je vais
vous présenter. Nous déjeunerons ensemble.

BEAUVERNIS

Mais, mais...

BALANBOIS

C'est entendu, laissez-moi donc faire... Venez, je vais
vous montrer ma collection de grenouilles en attendant
le déjeuner.

BEAUVERNIS

Serait-il fou ? *(Ils sortent à droite fond).*

SCÈNE XVII

CALISSON, puis Mme BALANBOIS

CALISSON, *entrant par le fond*

J'ai oublié mon calepin. Où l'ai-je mis. Ah ! le voilà.

Mme BALANBOIS, *entrant par la gauche*

Quelqu'un. Sans doute Octave Chevillac. Non, tiens !
Serait-ce Patachon. Je ne m'explique pas... Monsieur.

CALISSON, *l'apercevant*

Madame... *(A part).* Qu'est-ce que c'est que celle-là...

Mme BALANBOIS

Vous n'avez pas reçu la dépêche ?

CALISSON

Quelle dépêche ?

Mme BALANBOIS

Je m'étonne de vous trouver ici, car elle était assez
catégorique,

CALISSON

Pardon, Madame, suivez-vous le traitement ?

Mme BALANBOIS

Je ne comprends pas, Monsieur.

CALISSON

Mais oui, vous savez bien, le traitement, les douches...

Mme BALANBOIS

Des douches ! Est-ce que cela vous regarde ?

CALISSON

Oui, les douches, comme cela *(imitant le bruit de l'eau)* Brrr. C'est froid, mais c'est très bon, sur la tête surtout et allez donc.

Mme BALANBOIS

Pardon, Monsieur, est-ce que vous avez tout votre bon sens.

CALISSON

Si j'ai... *(A part)*. Ils sont tous comme ça. Elle croit que c'est moi qui suis fou... flattons sa manie. *(Haut)*. Vous savez, j'ai été un peu malade, mais ça va mieux grâce aux douches, djii   djii....

Mme BALANBOIS

Il m'importe peu que vous preniez des douches...

CALISSON, *à part*

Continuons à flatter sa manie. *(Haut)*. Nous en prendrons ensemble. Djii.. djii... c'est froid, mais c'est très bon. *(A part)*. Je voudrais bien m'en aller. *(Haut)*. Madame, je vous laisse...

Mme BALANBOIS

Pardon, Monsieur, veuillez m'expliquer pourquoi vous êtes venu demander la main de ma fille puisque la dépêche...

CALISSON, *à part*

Encore ! *(Haut)*. Mais vous vous trompez, Madame.

Mme BALANBOIS

Voici mon mari,

SCÈNE XVIII

LES MÊMES, BALANBOIS

BALANBOIS, *entrant par le fond*

Monsieur.

Mme BALANBOIS

M. Patachon. *(A son mari).* Il est fou.

BALANBOIS, *à part*

M. Patachon... Je le quitte à l'instant. *(A Calisson).*
Vous êtes M. Patachon ?

CALISSON

Non, non, c'est-à-dire oui... ou plutôt... enfin, comme
vous voudrez.

BALANBOIS

Permettez, permettez. Il s'agit de s'entendre. Vous
venez bien pour me demander la main de ma fille. .

CALISSON

Ah ! non, alors... j'en ai déjà huit. Je m'en vais.
*(Fausse sortie, Balanbois le retient par le pan de son
vêtement).*

BALANBOIS

Comment ! vous avez huit filles et vous venez me
demander la main de la mienne !

Mme BALANBOIS

Oh ! Monsieur, oh ! oh ! oh !

CALISSON

Ah ! laissez-moi tranquille, vous !

Mme BALANBOIS, *à son mari*

Il est fou !

BALANBOIS, *à part*

Je comprends, pauvre garçon. *(A Calisson).* Asseyez-
vous... *(Mme Balanbois approche un fauteuil ; Balanbois
le fait asseoir).*

CALISSON

Pourquoi faire ?

BALANBOIS

Chut ! Est-ce que vous êtes depuis longtemps comme ça ?

CALISSON

Hein ! Vous dites ?

BALANBOIS

Vous êtes du Midi ?

CALISSON

Vous ne vous en êtes pas aperçu à mon accent ? Il est vrai que j'en ai si peu.

BALANBOIS

Le soleil est chaud dans ces contrées. Je suis sûr que vous sortez sans parasol l'été. C'est très mauvais. Vous avez attrapé un coup de soleil. Mais ne vous inquiétez pas, je vous guérirai...

SCÈNE XIX

Les Mêmes, HERMANCE et BEAUVERNIS

BEAUVERNIS, *entrant par le fond*

Ma chère Hermance. tout est décidé. Votre père consent à...

Mme BALANBOIS

Que signifie? Quel est ce jeune homme ?

BALANBOIS, *souriant*

C'est Patachon.

CALISSON, *à part*

Voilà toute la bande réunie, filons vite .. *(Il remonte).*

BALANBOIS, *le prenant par le bras*

Un moment, vous déjeunez avec nous. *(Il présente Beauvernis à sa femme).* Je te présente M. Patachon.

Mme BALANBOIS

Vous êtes M. Patachon !

BEAUVERNIS

Mais non, Madame.

BALANBOIS, *à Beauvernis*

Vous n'êtes pas Patachon !

BEAUVERNIS

Je me nomme Albéric Beauvernis et je serai flatté de devenir votre gendre.

BALANBOIS

Je n'y comprends plus rien.

CALISSON

C'est à pouffer de rire... Attendez-moi un moment, je vais chercher un médecin.

HERMANCE

Vous voulez dire le notaire...

BEAUVERNIS, *à Calisson*

Monsieur, je comprends votre erreur. Vous avez cru descendre à l'hôtel du Cheval-Blanc tandis que vous êtes chez M. Balanbois où l'on attendait deux gendres qui n'épousent pas et c'est moi qui épouse.

Mme BALANBOIS

Mais, Monsieur...

BALANBOIS

Je veux bien, quoique je ne comprenne rien à tout ceci. Voyons. *(A sa fille)*. Tu consens ?

HERMANCE

Oui, papa.

BALANBOIS, *à sa femme*

Toi aussi ?

Mme BALANBOIS

Oui.

BALANBOIS, *à Calisson*

Vous aussi, vous consentez .

CALISSON

Oui, M. le Maire...

BALANBOIS, *à Beauvernis*

C'est entendu. Venez dans mes bras. Ah ! quel bonheur d'avoir un gendre.

BEAUVERNIS

Ah ! Vous comblez tous mes vœux. (*Georgette et Jean entrent par le fond*).

GEORGETTE

Madame, peut-on servir le déjeûner ?

CALISSON, *à Balanbois*

Dites-donc ? à propos de vœux... Est-ce que vous ne pourriez pas un peu combler les miens ?

BALANBOIS

Que voulez-vous dire ?

CALISSON

Je voudrais bien déjeûner.

BALANBOIS

Comment donc... à table.

TOUS

A table.

CALISSON

A la santé de Patachon.

Marseille. — Imp. Générale Achard et Cⁱᵉ, rue Chevalier-Roze, 3 et 5.